## Wonda Wakanda – Geknüpfte Geheimsprache

Schon immer sind die Menschen auf der ganzen Welt von Knoten fasziniert gewesen und haben ihnen eine bestimmte Bedeutung zugesprochen. Kennst du z. B. den gordischen Knoten? Ein Orakel hatte prophezeit, dass der, der ihn löst, über Asien herrschen werde. Alexander der Große, eher mit Pragmatismus als mit Geduld ausgestattet, durchschlug ihn einfach mit dem Schwert. Oder hast du schon einmal von Quipu gehört? Das ist eine Schrift aus Knoten, die die Inkas vor über fünfhundert Jahren erfunden haben. In China werden heute noch zu Neujahr kunstvoll geknüpfte Knoten verschenkt, die Glück, Wohlstand, Liebe und Zufriedenheit versprechen. Bei so vielen bedeutsamen Knoten war ich nicht erstaunt, als ein guter Freund von einer Südamerika-Reise die Wonda Wakandas mitbrachte, geknüpfte Bänder mit bunten Perlen, die, wenn man sie zu lesen versteht, (meistens) gute Wünsche bedeuten. Voller Begeisterung habe ich mich ans Entziffern und Nacharbeiten gemacht. Und ich dachte, das könnte dich auch interessieren. Aber du weißt schon, psst, streng geheim!

Viele Grüße *Inge Walz*

Die Motive lassen sich in folgende Schwierigkeitsgrade unterteilen:

● ○ ○ einfach ● ● ○ etwas schwieriger ● ● ● anspruchsvoll

**HILFSMITTEL UND WERKZEUGE, DIE DU ZUR HAND HABEN SOLLTEST:**

- Häkelnadel (zum Durchziehen von Fäden)
- Maßband
- Schere
- Kraftkleber, z. B. UHU
- Stecknadeln
- Unterlage, z. B. Styropor- oder Korkblock, Stoffbrett mit Schraubzwinge
- evtl. Sicherheitsnadel
- evtl. Sticknadel (zum Einziehen des Labels)

# So geht's

## Perlen

Für die Geheimschrift (siehe Klappe im Buch) brauchst du Perlen in sechs verschiedenen Farben. Du kannst alle Arten von Perlen einknüpfen: lackierte und unlackierte Holzperlen, Rocailles, Glasschliffperlen, Knöpfe, Plastik- und Glasperlen, Olivenperlen, selbstgemachte Perlen aus Ton, Papier oder FIMO®. Manchmal ist es schwierig, Perlen in einer Qualität in den sechs Farben des Alphabets zu bekommen. Ersetze dann eine Farbe durch eine ähnliche, z. B. Schwarz durch Dunkelbraun oder Weiß durch Beige. Natürlich kannst du auch verschiedene Perlenarten miteinander kombinieren, z. B. kannst du einen Anfangsbuchstaben mit einer größeren Perle, einem Knopf oder einer ungewöhnlich geformten Perle beginnen.

**Hinweis: Damit du nachvollziehen kannst, was auf den Beispielbändern steht, findest du auf jeder Seite die schematische Darstellung der Geheimschrift, und zwar in der Reihenfolge, in der du die Perlen auffädeln musst.**

## Schnüre

Als Schnüre kannst du alles nehmen, was nicht leicht ausfranst, z. B. mercerisierte (veredelte) Baumwolle, Perlgarn, Mattstickgarn, Leder- und Alcantaraband, Samtfaden, Bast, Papierschnur, Viskosekordel etc.
Besonders toll sieht es aus, wenn du die Farbe der Schnüre den Perlenfarben anpasst. Dazu die Perlen für die Schrift aussuchen und danach die Bänder passend auswählen. Probiere vor dem Knüpfen auf jeden Fall aus, ob die Schnur durch die Perlen passt.

## Knüpfen

Das Knüpfen fällt leichter und die Bänder werden schön gleichmäßig, wenn du die Fäden zum Arbeiten feststeckst. Dazu befestigst du sie mit Stecknadeln auf einem leeren Stoffbrett (erhältlich in Stoffläden; darauf sind die Stoffe aufgewickelt) oder einem Styropor- oder Korkblock. Die Unterlage kannst du mit Schraubzwingen am Tisch befestigen. Willst du unterwegs knüpfen, so klemmst du das Band zwischen beide Knie, befestigst es mit einer Sicherheitsnadel auf Kniehöhe an deiner Hose (Achtung: nur an stabilen Hosen wie Jeans) oder hängst nach dem Anfangsknoten einen Bandrest ein und knotest dieses Band an eine Stuhllehne, Schublade o. Ä. So kann sich das Band allerdings leicht verdrehen. Treue-, Freundschafts- und Gute-Laune-Knoten sind problemlos und lassen sich auch so arbeiten. Dankeknoten jedoch sind so schwer zu fertigen.
In den Anleitungen ist oftmals von Knüpf- und Leitschnüren die Rede. Leitschnüre werden immer straff gespannt gehalten und mit den Knüpfschnüren knüpfst du um sie herum.

## Label

Die Bänder sehen von vorne und hinten gleichermaßen hübsch aus, jedoch kannst du, wenn du das Band verkehrt herum hältst, die Geheimschrift nicht mehr lesen. Damit du weißt, wo der Anfang und die Vorderseite deines Bandes sind, kannst du es mit einem Label versehen. Ich habe dazu ein 15 cm langes, rotes Stück Perlgarn genommen und mit der Sticknadel links (wenn du das Band senkrecht hältst) neben oder oberhalb der Anfangsperle eingezogen. Dann beide Garnenden mit Klebstoff bestreichen, eine Spitze formen, eine weiße Rocaille, ø 2,6 mm, auffädeln und mit einem Knoten sichern. Erfinde dein eigenes Label! So wird jedes von dir geknüpfte Band ein unverwechselbares Unikat.

# Zauberknoten

## Schutzknoten

Es handelt sich um den einfachen, herkömmlichen Knoten. Indem du ihn in ein Band knüpfst, wünschst du der Person, für die du das Band knüpfst, Schutz vor allem Bösen. Kombinierst du ihn mit dem Verwünschungsknoten, schützt er dich vor dessen negativer Energie.

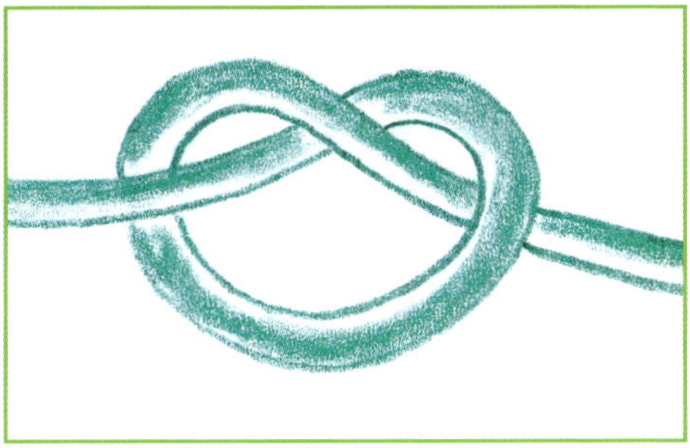

## Mutknoten

Der Mutknoten macht Mut vor und in allen brenzligen Situationen: z. B. Klassenarbeiten, Zahnarztterminen, unangenehmen Aussprachen ...

Den Knoten mit zwei Schnüren knüpfen. Die rechte, hier rote Schnur als Leitschnur spannen und die hier linke, blaue Schnur als Knüpfschnur darauf legen. Hinter der Leitschnur durchziehen (= ½ Knoten).
Die blaue Knüpfschnur jetzt als Leitschnur spannen und die rote Schnur als Knüpfschnur auf die Leitschnur legen. Hinter der Leitschnur durchziehen (Schritt 1 + 2 = 1 Knoten). Wichtig: Beim Anziehen des Knotens die Leitschnur stets fest spannen.

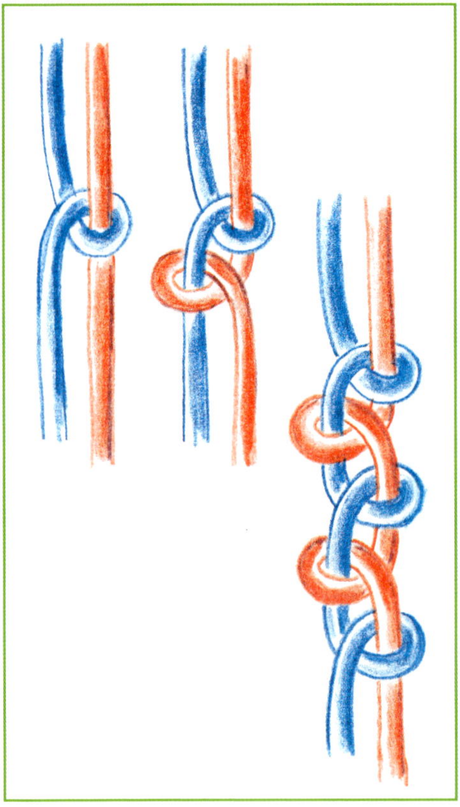

## Gute-Laune-Knoten

Gute Laune macht das Leben leichter. Wenn deine beste Freundin mal schlecht drauf ist, überrasche sie einfach mit dem Gute-Laune-Knoten. Bestimmt lächelt sie dann wieder.

Der Gute-Laune-Knoten wird wie der erste Teil des Freundschaftsknotens gelegt, jedoch wird im Fortgang die Schlinge immer von der gleichen Seite geformt, d. h. sämtliche Schlingen entweder von rechts oder von links. Der Gute-Laune-Knoten dreht sich nach ca. vier bis fünf Knoten spiralförmig. Drehen lassen und immer wieder von der gleichen Seite weiterknüpfen. Wichtig ist, dass du die Leitschnüre immer gespannt hältst.

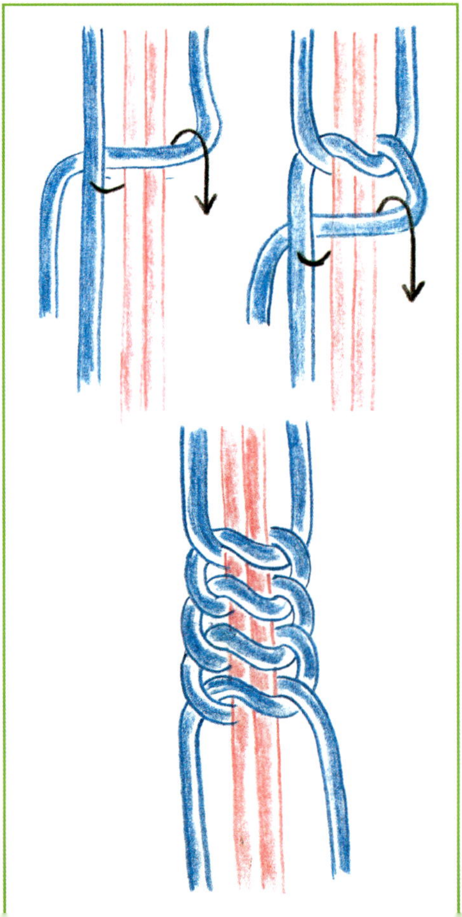

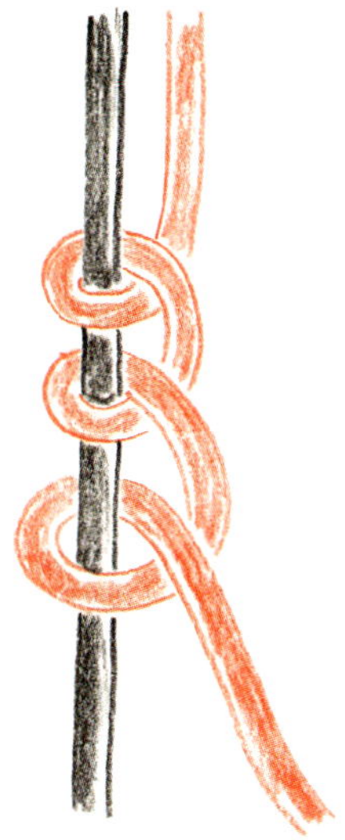

## Erfolgsknoten

Dieser Knoten wünscht Erfolg in allen Lebenslagen: in Mathe und Deutsch, im Ballett und beim Reiten, beim Gitarrespielen und Flöten, und, und, und.

Für den Erfolgsknoten benötigst du zwei Schnüre. Eine Schnur als Leitschnur spannen, die andere Schnur als Knüpfschnur auf die Leitschnur legen und hinter der Leitschnur durch wieder auf der Seite, auf der begonnen wurde, über die Knüpfschnur ziehen.
Der Erfolgsknoten kann entweder nach rechts oder nach links gelegt werden, je nachdem auf welcher Seite die Knüpfschnur hängt. Hast du dich aber einmal für eine Seite entschieden, musst du sie das ganze Band über beibehalten. Nach mehreren Knoten dreht sich der Erfolgsknoten in einer Knotenspirale.

## Freundschaftsknoten

„Ein Freund, ein guter Freund, das ist das Schönste was es gibt auf der Welt“, wussten schon unsere Urgroßeltern. Zeige deine Freundschaft und Verbundenheit mit dem Freundschaftsknoten!

Er besteht aus mindestens einer bis beliebig vielen Leitschnüren und zwei Knüpfschnüren, auf jeder Seite eine (die Knüpfschnüre können natürlich auch doppelt oder mehrfach genommen werden).

Die rechte Schnur in einem Bogen waagrecht über die Leitschnüre, die linke Schnur senkrecht darüber legen und die linke Schnur hinter den Leitschnüren nach rechts durch die Öse führen.
Der zweite Teil des Knotens wird gegengleich ausgeführt: Eine Schlinge von links und eine von rechts ergeben einen weiteren Knoten. Gezählt wird an den Bögchen, die sich am Rand bilden (1 Bögchen = 1 Knoten).

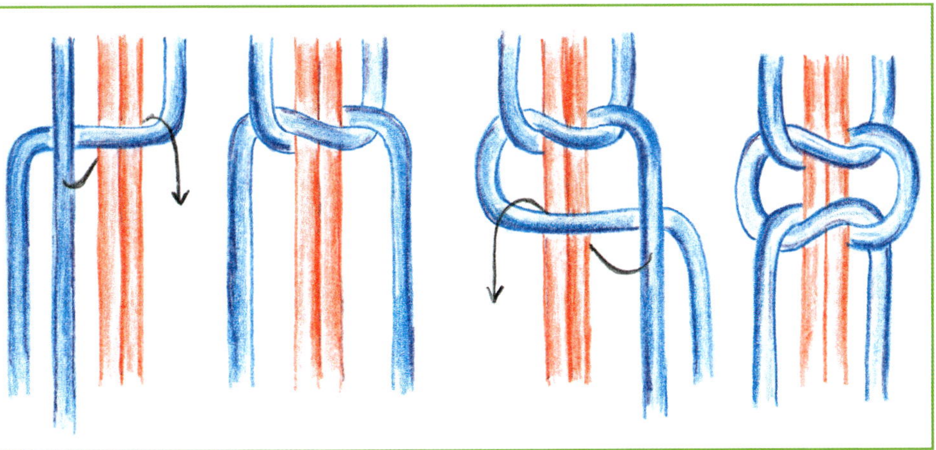

## Liebesknoten

Heimlich verliebt? Knüpf den Liebesknoten und schenk ihn deinem Schwarm. Er wird verzaubert sein. Der Liebesknoten wirkt aber natürlich auch, wenn du schon ein Herz erobert hast.

Der Liebesknoten entsteht aus dem Freundschaftsknoten, wie auch Liebe oft aus Freundschaft entsteht. Knüpfe vier bis sieben Freundschaftsknoten. Dann die Leitschnüre nach oben legen und vor dem ersten Freundschaftsknoten evtl. mit einer Häkelnadel hinter den Knüpfschnüren nach außen ziehen. Es entsteht eine Kugel. Zur Befestigung direkt darunter einen weiteren Freundschaftsknoten knüpfen.

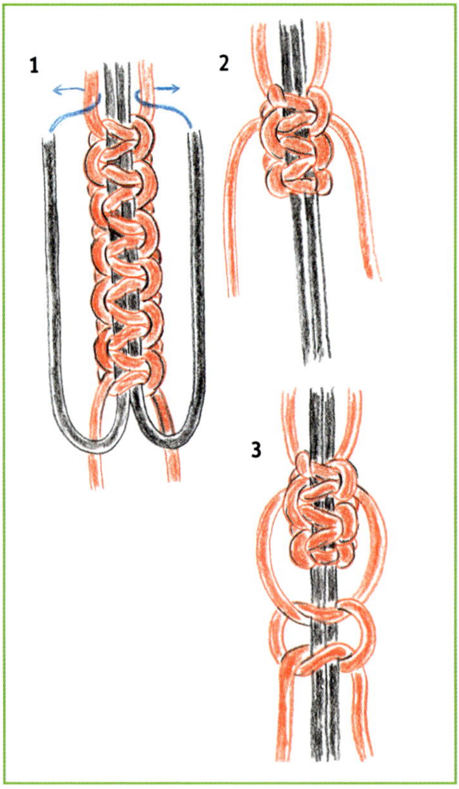


## Treueknoten

Der Treueknoten schwört Treue. Du kannst ihn für deine beste Freundin oder deinen besten Freund knüpfen, für deine große Schwester, die gerade frisch verliebt ist, oder auch für Mama und Papa.

Über eine oder mehrere Leitschnüre entweder mit der rechten oder linken Schnur als Knüpfschnur eine Schlinge legen und hinter der Leitschnur durchziehen. Mit der gleichen Knüpfschnur eine Schlinge unter die Leitschnur legen und über der Leitschnur durchziehen. Die Knüpfschnur hängt immer auf die gleiche Seite. Wichtig: Die Leitschnüre müssen immer straff gespannt sein, sonst liegt der Treueknoten nicht schön.

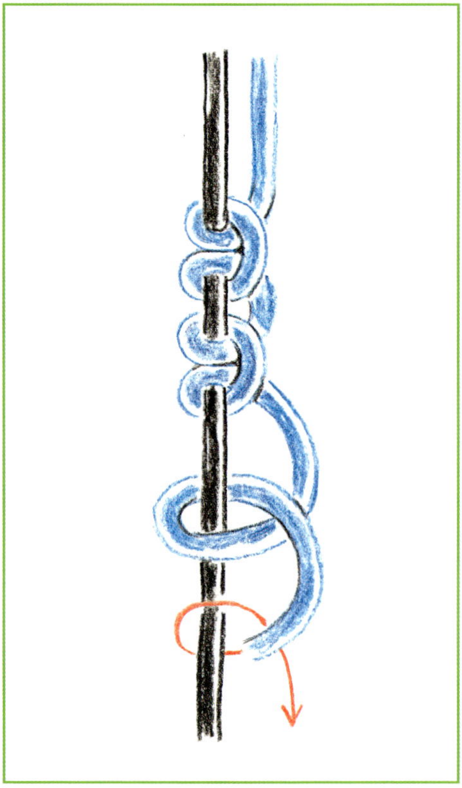

## Verwünschungsknoten

Der ungerechte Lehrer, die eingebildete Pute aus dem Sportverein, der arrogante Schnösel von nebenan – es gibt Menschen, die man einfach nicht ausstehen kann. Abhilfe schafft hier der Verwünschungsknoten. Knüpfe ihn, denke dabei fest an dein „Opfer“, schenke ihm das Band womöglich und künftig wirst du mit einem Lächeln über ihn hinwegsehen können.

Der Verwünschungsknoten besteht aus zwei Leit- und zwei Knüpfschnüren. Er beginnt und endet jeweils mit einem Freundschaftsknoten (vielleicht wird aus Abneigung ja doch noch Freundschaft, wer weiß?).
Dazwischen werden zwischen drei und neun Flechtknoten wechselnder Breite ausgeführt. Dabei die Leitschnüre zusammen mit den Knüpfschnüren in die Breite ziehen. Nach dem mittleren Knoten die Leitschnüre wieder zur Mitte ziehen, so dass der Knoten sich verengt. Wichtig: Die Leitschnüre immer gespannt halten.

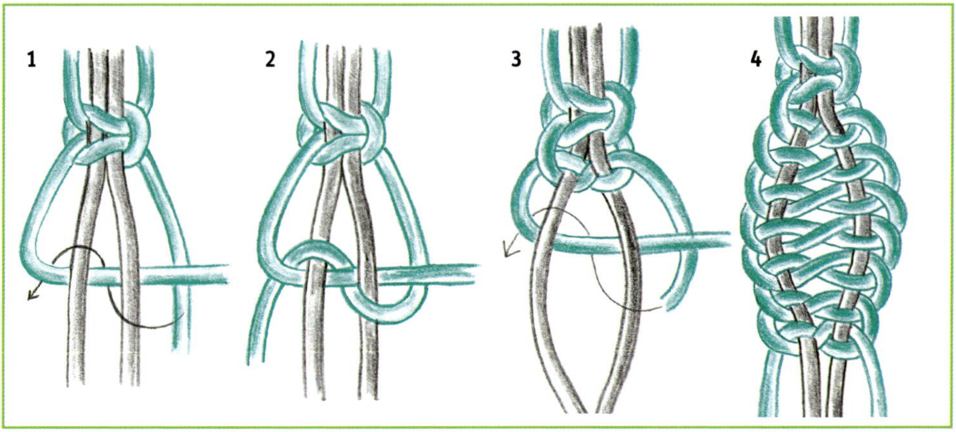


## Energiekordel

Fühlst du dich müde und lustlos? Knüpfe die Energiekordel und genieße ihre anregende Wirkung. Toll ist diese Kordel auch als Geschenk für Freunde, die keinen Bock auf gar nichts haben, oder für vierbeinige Freunde, z. B. als Führstrick für das Pflegepony oder als Hundeleine.
Lege vier Schnüre parallel, führe die äußere linke Schnur hinter den beiden mittleren entlang und ziehe sie wieder über eine Schnur zurück. Von rechts genauso verfahren und immer abwechselnd mit der äußeren rechten bzw. der äußeren linken Schnur fortfahren.

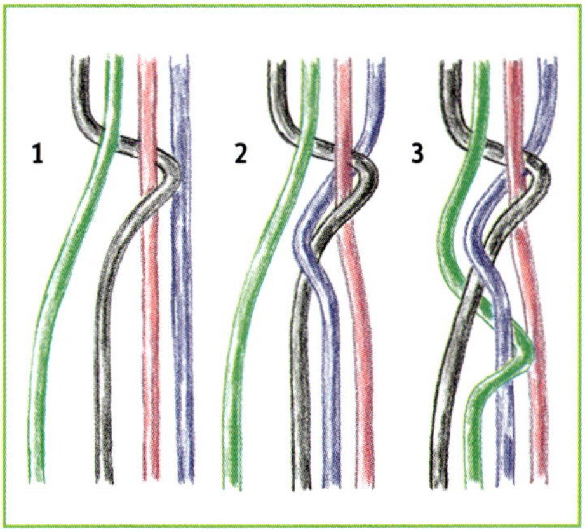

## Dankeknoten

Es gibt viele Gelegenheiten, zu denen man danke sagen möchte. Besonders gut kommen Bänder mit dem hübschen Dankeknoten an. Sieht kniffelig aus, ist aber mit ein bisschen Übung ganz einfach.

Ein Dankeknoten besteht aus zwei Schlingen. Vier oder mehr Fäden parallel legen, einen äußeren Faden waagrecht nach rechts bzw. links legen, als Leitfaden spannen und mit den danebenliegenden Fäden jeweils zwei Schlingen darüber knüpfen. Beim Arbeiten immer den Knoten mit dem Finger zum vorhergehenden Knoten „rollen“.
Wird der Leitfaden genau waagrecht gelegt, wird die Knotenreihe leicht schräg. Wird der Leitfaden etwas nach oben gelegt, wird die Knotenreihe genau waagrecht. Für das Zickzackmuster wechselt der äußere Leitfaden nach einer oder mehreren Reihen die Richtung. Wichtig: Der Leitfaden muss immer straff gespannt bleiben.

Gerade Dankeknoten

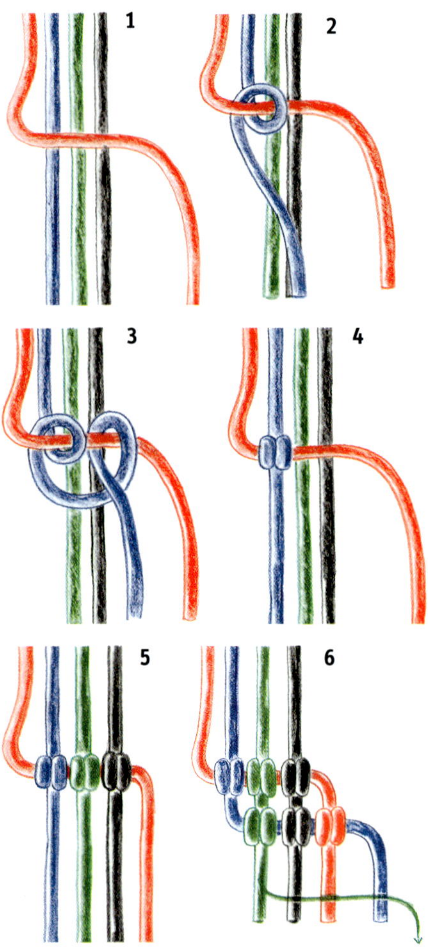


Schräge Dankeknoten und Zickzackmuster

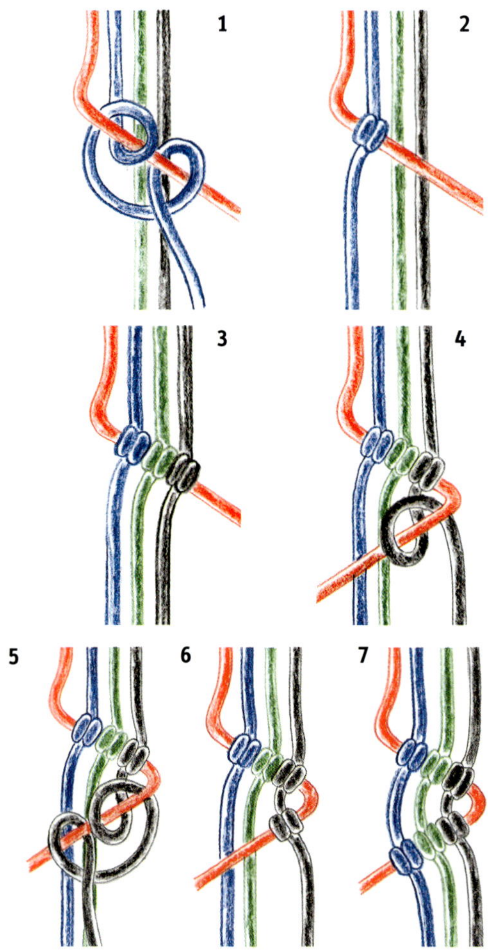

## Glücksknoten:

Glück kann man nie genug haben. Mit dem Glücksknoten kannst du reichlich Glück verschenken.

Wie mit dem Glück überhaupt musst du auch mit dem Glücksknoten etwas Geduld haben. Er wird aus nur einer Schnur geknüpft und ist, wenn einmal die erste Hürde überwunden ist und die drei ersten Schlingen nicht mehr aus der Hand rutschen, gar nicht so schwer zu arbeiten.

Ein Fadenende hängen lassen und mit dem anderen Ende drei gleichmäßige Schlingen legen (1).

Anfangs- und Endfaden hängen jetzt parallel nebeneinander senkrecht nach unten. Jetzt Anfang und Ende nach oben zwischen die beiden Schlingen auf der linken Seite legen, dabei nicht straff spannen, sondern am Knick noch eine kleine Schlinge lassen, durch die dann später die letzte Schlinge gezogen wird (2).

Jetzt die linke Schlinge über Anfangs- und Endschnur zwischen die beiden rechten Schlingen legen (3). Dann die mittlere Schlinge nach unten über die waagrecht gelegte Schlinge und die rechte Schlinge legen (4). Abschließend die rechte Schlinge durch die kleine Schlinge von Anfangs- und Endschnur ziehen (5).

Achtung: Bei diesem Knoten ist es wichtig, dass keine Schnüre verdreht liegen und alle drei Schlingen nahezu gleich groß sind.

Wenn alle Schnüre sauber nebeneinander liegen, den Knoten umdrehen und Schritte 1 bis 5 wiederholen, nur dass Anfangs- und Endschnur nun bereits als Schlinge liegen (6 – 10). Den Knoten nicht allzu fest anziehen und die Schnüre parallel legen.

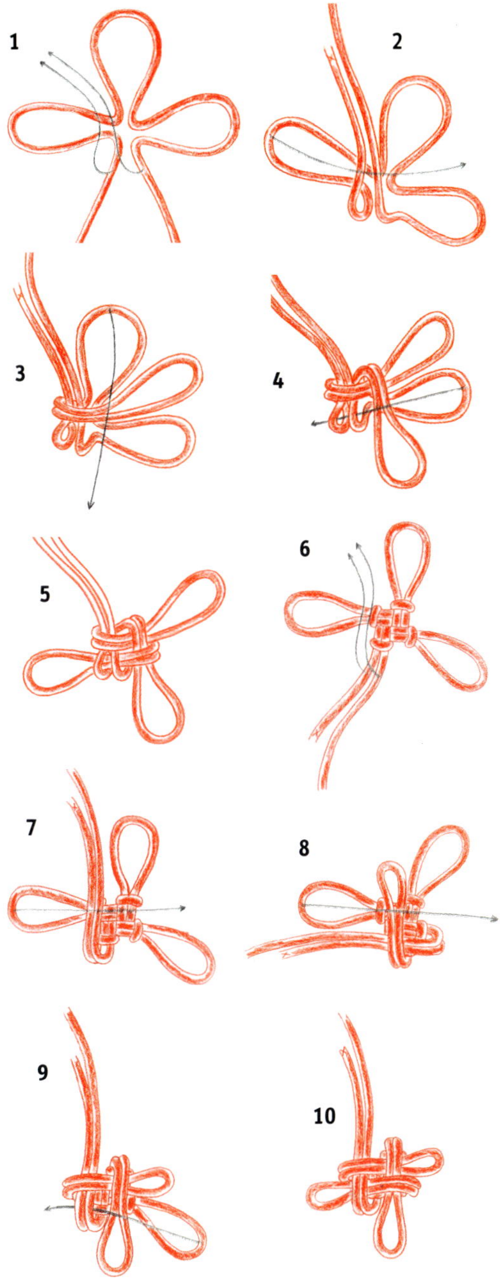

## Abbinden

Das Abbinden von Schnüren erfordert etwas Übung und Fingerfertigkeit. Oftmals muss man mehrmals ansetzen, bis die Bänder halten, oder die Schlinge gerät zu groß und der Knoten kann nicht so positioniert werden, wie er soll.

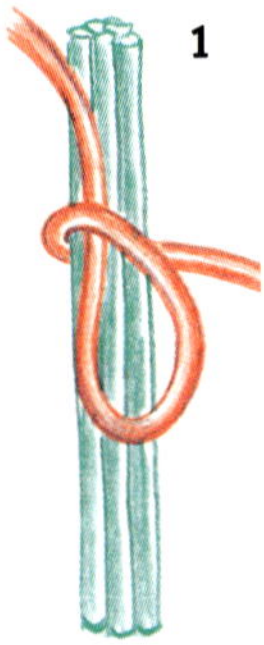
1

2

3

An ein Schnurbündel oder an eine einzelne Schnur eine extra Schnur zu einer Schlinge nach unten legen (1).

Dann von oben die Schlinge und alle anderen Schnüre mehrmals mit dem Schnurende sehr fest umwickeln (2).

Das Schnurende durch die Schlinge ziehen; das andere Bandende nach oben und die Windungen zugleich nach unten ziehen (3).

## Tipps und Tricks

- Ziehe die Knoten nicht zu fest an, sondern schiebe sie nur mit dem Finger an den vorhergehenden Knoten. Das gilt vor allem bei Danke-, Erfolgs-, Mut- und Treueknoten.

- Nahezu jedes Armband kannst du auch als Fußband arbeiten, dazu nur das Anfangs- und Endteil entsprechend länger knüpfen oder eine längere Botschaft aus Perlen einknüpfen.

- Um die Perlen leichter auffädeln zu können, bestreichst du das Fadenende mit Klebstoff und formst es zu einer Spitze. Werden zwei Schnüre gleichzeitig durch eine Perle gefädelt, musst du beide Fäden einstreichen und zu einer Spitze verdrehen.

- Sind die Perlen trotz Klebstoff schwer aufzufädeln, da sie nur eine kleine Öffnung haben, können die meisten mit einem kleinen Handbohrer oder einer alten Schere noch etwas aufgebohrt werden. Aber Vorsicht, lass dir dabei besser von einem Erwachsenen helfen.

- Beim Auffädeln die Perle immer drehen, dann geht es leichter.

- Werden die Knüpffäden zu kurz, kannst du sie als Leitfäden in die Mitte des Knotens legen und mit den langen Fäden weiterknüpfen. Der Fadenwechsel sollte jedoch immer bei einem Knotenwechsel erfolgen, dann sieht man ihn nicht. Sehr gut geht der Wechsel auch beim Liebesknoten.

- Die Bänder und Anhänger in diesem Buch sind nur Vorschläge. Wenn dir eine Farbzusammenstellung oder ein Material besonders gut gefällt, arbeite das Band einfach mit den Knoten, die du für deine Zwecke brauchst. Freundschafts- und Gute-Laune-Knoten oder Treue- und Freundschaftsknoten beispielsweise können beliebig ausgetauscht werden.

- Das Anfangsband kannst du je nach Armdurchmesser verlängern oder kürzen. Mit dem Ende kannst du auch einen zu kurzen Anfang wieder ausgleichen, Anfang und Ende müssen nicht gleich lang sein. Reizvoll kann es auch aussehen, wenn sich der Verschluss seitlich befindet.

- Wenn du Wert auf farbliche Abstimmung legst, solltest du zuerst die Perlen aussuchen und danach die Farbe des Bandes bestimmen. Perlen in den gewünschten Farben sind oftmals schwieriger erhältlich als Bänder.

- Ein tolles, gleichmäßiges Muster entsteht beispielsweise, wenn du einfach mehrmals die Anfangsbuchstaben von Vor- und Nachnamen, die so genannten Initialen wiederholst.
- Die meisten Armbänder kannst du auch zum Schlüsselanhänger umfunktionieren. Dazu einfach ohne Anfangs- und Endteil knüpfen. Es reicht meistens, wenn du die Hälfte der Fäden verwendest und diese mittig am Schlüsselring einhängst.



# Armband mit Bärchen

→ gute Laune für die Freundin Nadine

**LÄNGE**
ca. 28 cm

**MATERIAL**
- dünnes Baumwollhäkelgarn in Rot, 6 x 80 cm lang
- Teddyperlen, ø 8 mm
- Holzperlen, ø 4 mm

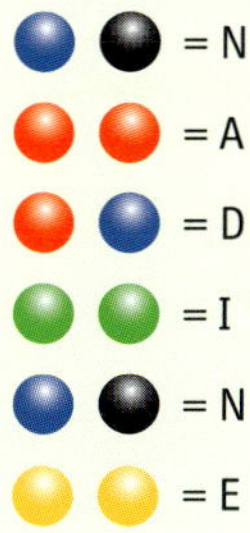

Abbildung auch auf Seite 1.

**1** Alle sechs Bänder parallel legen und an einem Ende mit einem Schutzknoten zusammenfassen.

**2** 8 cm (mit 3 x zwei Fäden) flechten und einen Schutzknoten machen. Das linke äußere Band durch die Teddyperle und anschließend durch die Holzperle ziehen. Aus den danebenliegenden fünf Bändern zwölf Gute-Laune-Knoten knüpfen. Mit einem Freundschaftsknoten aus zwei Knüpf- über vier Leitbändern zusammenfassen. Das rechte äußere Band durch eine Teddyperle und wieder durch eine Holzperle ziehen und mit den danebenliegenden fünf Bändern zwölf Gute-Laune-Knoten knüpfen. So fortfahren, bis alle Perlen eingeknüpft sind.

**3** Mit einem Freundschaftsknoten abschließen, 8 cm flechten und einen Schutzknoten knüpfen.

# Dank und Energie

→ Armband (danke, Julia) und Anhänger (Verena)

**LÄNGE**
Armband ca. 30 cm
Anhänger ca. 11 cm

**MATERIAL ARMBAND**

- Mattstickgarn in Rosa, 4 x 80 cm lang
- Swarovski®-Kristall-Schliffperlen, ø 4 mm

= D
= A
= N
= K
= E
= J
= U
= L
= I
= A

**ANHÄNGER**

- Mattstickgarn in Rosa, 2 x 90 cm lang
- Swarovski®-Kristall-Schliffperlen, ø 4 mm
- Schlüsselring, ø 2,5 cm

= V
= E
= R
= E
= N
= A

## Armband

**1** Die vier Bänder parallel nebeneinander legen und an einem Ende mit einem Schutzknoten zusammenfassen. 10 cm Energiekordel flechten. Mit einem Erfolgsknoten zusammenhalten.

**2** Das linke Band als Leitschnur leicht schräg nach rechts legen und darüber mit den restlichen Schnüren drei Dankeknoten knüpfen. Die Leitschnur dabei immer straff gespannt halten. Auf das linke Band die erste Perle aufziehen. Die gleiche Leitschnur nach schräg links legen, wieder drei Dankeknoten arbeiten und auf die rechte Schnur eine Perle aufziehen. So fortfahren, bis alle Perlen eingeknüpft sind. Die Leitschnur bleibt dabei immer die gleiche.

**3** Wieder 10 cm Energiekordel flechten und mit einem Schutzknoten abschließen.

## Anhänger

**1** Die zwei Schnüre mitteln und am Ring einhängen. Mit dem linken Faden als Leitfaden nach schräg rechts drei Dankeknoten arbeiten. Wieder mit dem linken Faden dicht unter die ersten Reihe weitere drei Knoten knüpfen. Die dritte Reihe ebenso arbeiten.

**2** Auf die linke Schnur zwei Perlen fädeln. Die Leitschnur nach links legen, straff spannen und drei weitere Knoten fertigen. So im Zickzack fortfahren, bis alle Perlen aufgefädelt sind.

**3** Wie zu Beginn mit drei dichten Reihen Dankeknoten enden. Nach 2,5 cm jedes Bandende mit einem Schutzknoten versehen.

**Tipp: Mit dem Band und dem Anhänger kannst du dich bei jemandem für einen Gefallen bedanken.**

AIPTEK
www.aiptek.de

# Danke, Alisa und Sarah!

→ Armband (Alisa) und Anhänger (Sarah)

**LÄNGE**
Armband ca. 27 cm
Anhänger ca. 7 cm
(mit Ring)

**MATERIAL ARMBAND**

- Alcantaraband in Sand, 3 mm breit, 3 x 80 cm lang
- Holzperlen, ø 4 mm

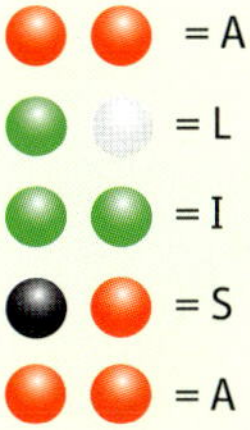


**ANHÄNGER**

- Alcantaraband in Rot, 3 mm breit, 2 x 1,20 m lang
- Holzperlen, ø 4 mm
- Schlüsselring, ø 2,5 cm

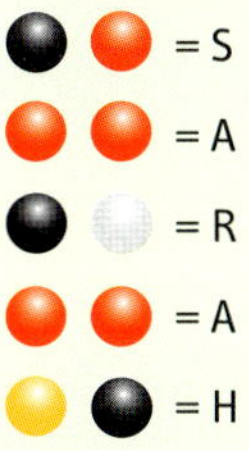


## Armband

1 Die drei Bänder parallel legen und an einem Ende mit einem Schutzknoten zusammenfassen. 9 cm bis 10 cm flechten.

2 Dann mit den Dankeknoten beginnen. Dabei immer das links liegende Band als Leitband verwenden und mit den restlichen beiden Bändern jeweils einen Dankeknoten knüpfen (pro Reihe zwei Knoten). Wichtig: immer die Leitschnur straff anziehen. Die Leitschnur spitz zuschneiden, damit die Perlen aufgezogen werden können. Nach zwei Reihen die erste Holzperle auf die Leitschnur ziehen. Die zweite Perle nach der nächsten Reihe aufziehen.

3 Nach diesen zwei Perlenreihen eine Reihe ohne Perlen lassen. So fortfahren, bis alle Perlen aufgefädelt sind. Zum Schluss wieder zwei Reihen ohne Perlen knüpfen und weitere 9 cm bis 10 cm flechten. Mit einem Schutzknoten abschließen.

## Anhänger

1 Das gleiche Band kann auch als Anhänger gearbeitet werden. Dazu die zwei Bänder mittig am Ring einhängen; so ergeben sich vier Bandenden.

2 Drei Reihen Dankeknoten von rechts nach links mit nur einem Leit- und zwei Knüpfbändern knüpfen, dabei ein Band auf der Rückseite nicht mitknüpfen. Auf das Leitband die erste Perle ziehen und wie beim Armband weiterknüpfen, bis alle Perlen eingearbeitet sind.

3 Die Leitschnur durch den Ring und mit einer Häkelnadel auf der Rückseite durch die Anfangsknoten ziehen und festkleben. Die Knüpfschnüre sowie das nicht mitgeknüpfte Band ebenfalls mit der Häkelnadel durch einen Knoten am Anfang ziehen und festkleben.

**Tipp: Fädelst du in jede Reihe eine Perle, wird der Anhänger etwas kleiner bzw. das Armband etwas kürzer. Diese Vorgehensweise empfiehlt sich bei langen Namen.**

# Treue und Freundschaft

→ Armband (Jana) und
Anhänger (Peace und Sorry)

**LÄNGE**

Armband ca. 33 cm
Schlüsselanhänger ca. 15 cm
Anhänger mit Karabiner
ca. 12 cm

**MATERIAL ARMBAND**

- Alcantaraband in Terrakotta, 3 mm breit, 3 x 80 cm lang
- Holzperlen, ø 8 mm

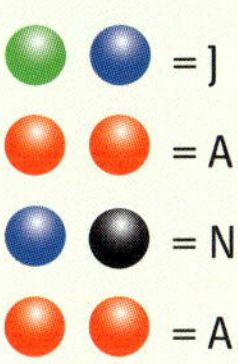


**SCHLÜSSEL-ANHÄNGER**

- Alcantaraband in Terrakotta, 3 mm breit, 2 x 50 cm lang
- Holzperlen, ø 6 mm
- Schlüsselring, ø 2,5 cm

**ANHÄNGER MIT KARABINER**

- Alcantaraband in Terrakotta, 3 mm breit, 2 x 60 cm lang
- Holzperlen, ø 6 mm
- Karabiner, 3 cm lang

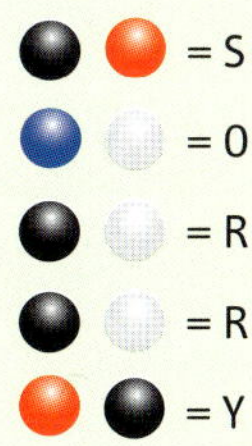


## Armband

**1** Die drei Bänder mit einem Schutzknoten zusammenfassen und ca. 9,5 cm flechten.

**2** Mit einem äußeren Band über die beiden anderen Bänder einen Treueknoten knüpfen. Eine Perle auf das mittlere, spitz zugeschnittene Band auffädeln und von der anderen Seite einen weiteren Treueknoten über zwei Leitbänder arbeiten. Weiter knüpfen, bis alle Perlen eingearbeitet sind.

**3** Nach dem letzten Knoten wieder ca. 9,5 cm flechten und mit einem Schutzknoten enden.

## Schlüsselanhänger

**1** Die beiden Schnüre so am Ring einhängen, dass die beiden äußeren Schnüre ca. 35 cm lang und die beiden mittleren 15 cm lang sind.

**2** Von jeder Seite einen Erfolgsknoten über die beiden kurzen Bänder ausführen. Auf die beiden spitz zugeschnittenen, kurzen mittleren Schnüre nebeneinander je eine Perle fädeln. Mit einem Erfolgsknoten von jeder Seite fortfahren, bis die letzten Perlen eingeknüpft sind.

**3** Aus je zwei Bändern einen Schutzknoten legen und die Bänder nach ca. 4 cm abschneiden.

WEITERFÜHRUNG

## Treue und Freundschaft

### Anhänger mit Karabiner

1 Beide Bänder wie beim Anhänger oben am Karabiner einhängen. Die mittleren Bänder sind je 15 cm, die äußeren je 45 cm lang. Einen Freundschaftsknoten knüpfen. Auf die beiden mittleren, spitz zugeschnittenen Bänder je eine Perle aufziehen.

2 Unterhalb der Perle mit der rechten langen Schnur über die rechte kurze Schnur einen Treueknoten knüpfen. Die Leitschnur immer fest spannen und die Knüpfschnur wieder auf die rechte Seite hängen lassen. Mit den beiden linken Schnüren ebenfalls einen Treueknoten arbeiten. Wieder je eine Perle auffädeln und mit Treueknoten und Perlen so fortfahren, bis alle Perlen eingeknüpft sind.

3 Nach den beiden letzten Treueknoten wieder alle vier Bänder mit einem Freundschaftsknoten zusammenfassen. Vor dem Festziehen des letzten Knotens Klebstoff auftragen und die Bänder straff anziehen, die beiden Knüpfschnüre abschneiden. Die mittleren Bänder nach 3 cm mit Schutzknoten versehen.

**Tipp: Mit dem Treueknoten kannst du ein ganz besonderes Versprechen geben. Diese Botschaft kann aber auch als Aufforderung verstanden werden.**

# Anne und Alex verwünscht

→ Armband für „nicht so nette Menschen"

1 Die vier Fäden mit einem Schutzknoten zusammenfassen und 8 cm Energiekordel flechten.

2 Die beiden kurzen Fäden als Leitfäden in die Mitte legen und mit den langen Fäden zwei Verwünschungsknoten knüpfen. Alle vier Fäden durch die Perlen ziehen und zwei weitere Verwünschungsknoten arbeiten.

3 Wieder 8 cm Energiekordel und abschließend einen Schutzknoten fertigen.

**Tipp: Die Energie, die in der Kordel steckt, geht an dich. Sie schützt dich künftig vor den negativen Gefühlen, die die verwünschte Person in dir auslöst.**

**LÄNGE**
je ca. 30 cm

**MATERIAL ANNE**

- Samtfaden in Weiß, ø 2 mm, 2 x 50 cm und 2 x 70 cm lang
- Indianerperlen, ø 5 mm

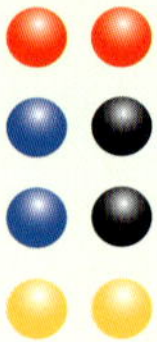

= A
= N
= N
= E

**ALEX**

- Samtfaden in Rot, ø 2 mm, 2 x 50 cm und 2 x 70 cm lang
- Indianerperlen, ø 4 mm

= A
= L
= E
= X

# Mut!

→ Lederbänder (A. E. und Anna)

**LÄNGE**
je ca. 27 cm

**MATERIAL ARMBAND IN ROSA (A.E.)**

- Lederriemen in Rosa, ø 2 mm, 1 m lang
- Holzperlen, ø 8 mm

= A
= E

**ARMBAND IN BORDEAUX (ANNA)**

- Lederriemen in Bordeaux, ø 2 mm, 1 m lang
- Holzperlen, ø 8 mm

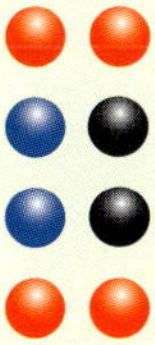

= A
= N
= N
= A

## Armband in Rosa (A.E.)

**1** Den Lederriemen mitteln und nach ca. 7 cm mit einem Schutzknoten zusammenfassen. Zweieinhalb Mutknoten knüpfen (gezählt wird eine Schlinge von rechts und eine Schlinge von links = ein Knoten).

**2** Auf den vorhergehenden Knüpfriemen eine Perle fädeln, direkt an die Perle mit der anderen Schnur einen halben Mutknoten knüpfen. Auf diesen Knüpfriemen wieder eine Perle fädeln und eineinhalb Mutknoten fertigen. So fortfahren, bis alle Perlen aufgefädelt sind.

**3** Mit einem Schutzknoten abschließen.

## Armband in Bordeaux (Anna)

**1** Den Lederriemen mitteln und nach ca. 7 cm mit einem Schutzknoten zusammenfassen.

**2** Einen Mutknoten knüpfen und auf beide Schnüre nebeneinander je eine Perle fädeln. Wieder einen Mutknoten knüpfen, wieder zwei Perlen aufziehen und so fortfahren, bis der Name fertig aufgefädelt ist.

**3** Mit einem Schutzknoten abschließen.

**Tipp: Mit diesen Bändern kannst du lieben Freunden in brenzligen Situationen Mut zusprechen.**

# Handyanhänger – nicht vergessen!

→ kleine Gedächtnisstützen

**LÄNGE**
Wähle ...
ca. 14 cm
Tino, ich liebe dich ca. 8 cm
Denk an mich ca. 14 cm

**MATERIAL WÄHLE ...**

- Perlgarn in Rot, 5 x 60 cm lang
- Rocailles, ø 2,6 mm
- Handyanhänger

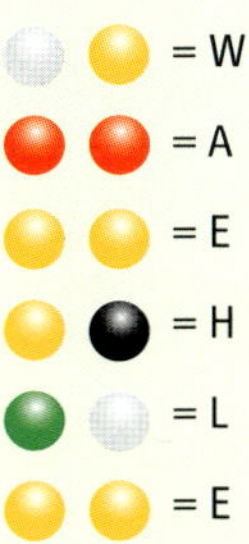


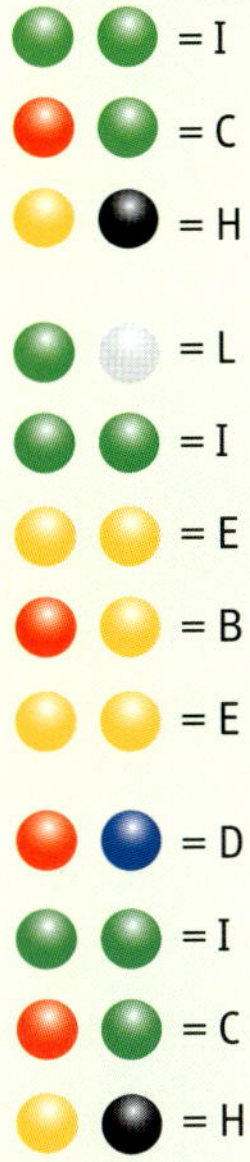


**TINO, ICH LIEBE DICH**

- Perlgarn in Weiß, 8 x 50 cm lang
- Rocailles, ø 2,6 mm
- Handyanhänger

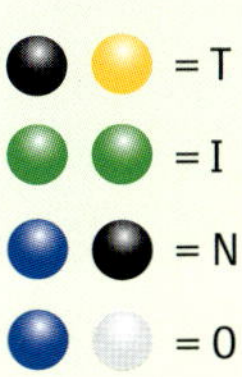


**DENK AN MICH**

- Perlgarn in Weiß, 4 x 80 cm lang
- Rocailles, ø 2,6 mm
- Handyanhänger

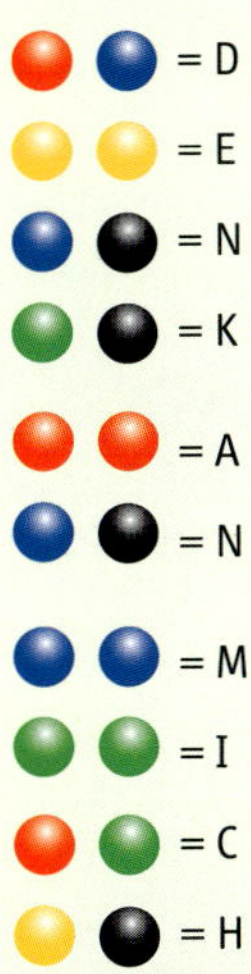


## Wähle ... (unten)

**1** Die fünf Fäden mittig am Handyanhänger einhängen und einen Liebesknoten aus zwei Knüpf- und acht Leitfäden knüpfen.

**2** Aus je fünf Fäden zwei Freundschaftsknoten nebeneinander knüpfen. Jeweils auf eine Schnur die Perlen fädeln (auf eine Schnur deine Nummer) und beidseitig daneben aus je zwei Schnüren einen Strang Mutknoten fertigen, bis der Perlen- und der Mutknotenstrang gleich lang sind.

**3** Jeweils einen Perlenstrang mit zwei Mutknotensträngen durch einen Freundschaftsknoten verbinden. Die Knüpffäden mit Schutzknoten versehen.

## Tino, ich liebe dich (oben)

**1** Pro Strang werden zwei Fäden benötigt: Einen Faden mitteln, an der Handyöse einhängen und den zweiten Faden mit drei Freundschaftsknoten anknüpfen. Die Perlen für das erste Wort auf die beiden mittleren Fäden ziehen, die beiden äußeren Fäden spannen und darunter beim ersten und dritten Strang mit drei weiteren Freundschaftsknoten anknüpfen. Die beiden Knüpffäden mit je einem Schutzknoten versehen.

**2** Beim zweiten und vierten Strang anstelle der Freundschaftsknoten sechs Gute-Laune-Knoten knüpfen.

## Denk an mich (rechts)

**1** Die vier Fäden an der Öse einhängen und aus zwei Knüpf- über sechs Leitfäden einen Liebesknoten fertigen.

**2** Auf die beiden mittleren Fäden das erste Wort auffädeln. Auf je drei Fäden rechts und links aus einem Knüpf- über zwei Leitfäden ca. sechs Treueknoten knüpfen. Die Länge richtet sich nach der Länge des Perlenstranges.

**3** Die Perlen- und die Treueknotenstränge mit einem Freundschaftsknoten zusammenfassen. Die Perlen für das nächste Wort auffädeln und beid-

WEITERFÜHRUNG

## Handyanhänger – nicht vergessen!

seitig je ca. vier Treueknoten knüpfen. Wieder einen Freundschaftsknoten arbeiten und für das letzte Wort die Perlen aufziehen. Beidseitig je ca. sieben Treueknoten arbeiten.

4 Die beiden Knüpffäden mit je einem Schutzknoten versehen. Die Fäden können nach Belieben ausgefranst werden.

**Tipp: Dieser Anhänger ist ein tolles Geschenk für deinen Liebsten, wenn ihr einige Zeit getrennt seid.**

# Anhänger für Freunde

→ in Orange (Cecil) und Rosa (Denise)

## Cecil

1 Alle Fäden mittig in ein Kettenglied ziehen und mit einem Freundschaftsknoten aus zwei Knüpf- über sechs Leitfäden zusammenfassen.

2 Auf den mittleren kurzen Faden zwei Perlen auffädeln. Rechts und links daneben mit zwei langen Knüpf- über einen bzw. zwei kurze Leitfäden je einen Strang aus fünf Freundschaftsknoten knüpfen. Nach fünf Knoten unterhalb der ersten beiden Perlen alle drei Stränge mit einem Freundschaftsknoten aus den mittleren vier Fäden zusammenfassen. Nun in den anderen Strang zwei Leitfäden nehmen.

3 So weiterknüpfen, bis alle Perlen eingefasst sind, dabei immer die Anzahl der Leitfäden wechseln.

4 Die beiden Knüpffäden mit Schutzknoten versehen und die Fadenenden nach ca. 4 cm abschneiden.

## Denise

1 Die drei Fäden mitteln und mit einem Freundschaftsknoten am Karabiner anknüpfen.

2 Die beiden langen Fäden als Knüpffäden verwenden. Auf einen oder zwei kurze Fäden die Perlen aufziehen. (Ist es aufgrund des Perlendurchmessers nicht möglich, beide Fäden durch die Öffnungen zu ziehen, den zweiten Faden im äußeren Knotenband als Leitfaden mitführen.) Seitlich mit je einem langen äußeren Faden über einen bzw. zwei Leitfäden jeweils vier Treueknoten knüpfen. Beide Treueknotenstränge zusammen mit dem Perlenstrang mit einem Freundschaftsknoten zusammenfassen. Die nächsten beiden Perlen auffädeln und beidseitig wieder jeweils vier Treueknoten arbeiten. So lange weiterknüpfen, bis der Name vollständig ist.

3 Mit je einem Freundschaftsknoten abschließen und die Fäden mit einem Schutzknoten am Ring anknüpfen. Wenig Klebstoff auf die Fäden streichen und mit einer Häkelnadel auf der Rückseite durch die Anfangsknoten ziehen. Die Enden abschneiden.

**LÄNGE**

Cecil ca. 17 cm
Denise ca. 7,5 cm

**MATERIAL**

**CECIL**

- Mattstickgarn in Orange, 2 x 40 cm und 2 x 1,40 m lang
- Swarovski®-Kristall-Schliffperlen, ø 6 mm
- Schlüsselring mit Kette, ø 2,5 cm

= C
= E
= C
= I
= L

**DENISE**

- Mattstickgarn in Rosa, 1 x 1,50 m und 2 x 30 cm lang
- Swarovski®-Kristall-Schliffperlen, ø 6 mm
- Karabiner, 3 cm lang

= D
= E
= N
= I
= S
= E

# Treue und Erfolg

→ Armband, Ring und Anhänger

## Herzchenarmband A.P.

**1** Die Schnur mitteln und mit der rechten Schnurhälfte über die linke Schnur sechs Treueknoten knüpfen. Als Verschluss vor dem ersten Knoten eine kleine Öse lassen.

**2** Einen Knopf durch beide Schnüre und eine Perle durch eine Schnur ziehen. Beide Schnüre wieder durch einen Knopf und eine Perle auf die andere Schnur fädeln.

**3** Mit der linken Schnur als Knüpf- über die rechte gespannte Leitschnur weitere sechs Treueknoten knüpfen. Mit einem Schutzknoten abschließen. Zum Umbinden die lange Schnur durch die Öse am ersten Knoten ziehen.

## Fingerring D.

**1** Die Schnur mitteln und zwei Treueknoten knüpfen.

**2** Ein Ende des dünnen Fadens durch die Rocaille ziehen und beide Fadenenden durch die Swarovski®-Perle. Diese am Knopf anknoten und zusätzlich mit Klebstoff fixieren. Nun den Knopf durch beide Seidenbänder ziehen.

**3** Zwei weitere Treueknoten knüpfen und die Enden durch die Anfangsschlinge ziehen. Dem Fingerdurchmesser anpassen, zusammenknoten und mit Klebstoff fixieren.

**LÄNGE**

Herzchenarmband A.P. ca. 27 cm
Anhänger (danke) ca. 14 cm
Fingerring D. ø ca. 2 cm (innen)

**MATERIAL HERZCHENARMBAND A.P.**

- Seidenschnur in Türkis, 1 m lang
- Holzperlen, ø 8 mm
- Herzchenknöpfe, 1,5 cm x 2 cm

 = A

 = P

**FINGERRING D.**

- Seidenschnur in Türkis, 40 cm lang
- Sternknopf, ø 1,5 cm
- Swarovski®-Kristall-Schliffperle, ø 4 mm
- Rocaille, ø 2 mm
- dünner Faden in Blau, ca. 15 cm lang

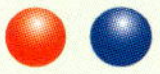 = D

**ANHÄNGER DANKE**

- Alcantaraband in Rot, 3 mm breit, 2 x 30 cm und 1 x 1,20 m lang
- Holzperlen, ø 6 mm
- Schlüsselring, ø 2,5 cm

 = D

 = A

 = N

 = K

 = E

### WEITERFÜHRUNG

## Treue und Erfolg

### Anhänger danke

**1** Alle Bänder mitteln und durch den Ring ziehen. Mit einem Erfolgsknoten alle sechs Schnüre zusammenfassen.

**2** Mit dem äußeren linken langen Band einen Treueknoten über die beiden danebenliegenden kurzen Bänder knüpfen. Die erste Perle auf den spitz zugeschnittenen Knüpffaden auffädeln und einen weiteren Treueknoten arbeiten. Mit den rechten drei Bändern gegengleich knüpfen und dabei die dazugehörigen zwei Perlen aufziehen. So weiterknüpfen, bis alle Perlen aufgefädelt sind, und jeweils mit einem Treueknoten enden.

**3** Mit dem längsten Band über die anderen Bänder abbinden. Die Schnurenden nach ca. 4,5 cm abschneiden.

# Glücksanhänger

→ für Dani (rot) und Nils (blau)

**LÄNGE**
ca. 14 cm

**MATERIAL ROTER KNOTEN**

- Lederband in Weinrot, ø 2 mm, 80 cm lang
- Holzperlen, ø 6 mm

= I
= N
= A
= D

**BLAUER KNOTEN**

- Lederband in Blau, ø 2 mm, 80 cm lang
- Holzperlen, ø 6 mm

= S
= L
= I
= N

**1** Mit dem Lederband den Glücksknoten legen, dabei den Anfang ca. 15 cm lang hängen lassen und dann erst die Schlingen legen. Den Knoten so festziehen, dass alle drei Schlaufen nahezu gleich groß sind und das Band nicht überkreuzt liegt.

**2** Die Perlen vom letzten Buchstaben beginnend auf die beiden Bänder aufziehen. Nach beliebigem Abstand mit einem Schutzknoten versehen, der zum Befestigen an einem Reißverschluss, Mäppchen, Ranzen o. Ä. geöffnet und wieder geschlossen werden kann.

**Tipp: Der Glücksknoten ist ein ideales Geschenk und kommt immer gut an. Du kannst ihn sowohl mit Initialen als auch mit ganzen Namen versehen.**

# Hübsch, aber verwünscht

→ Bänder gegen böse Menschen und schlimme Ereignisse

**LÄNGE**
ca. 10 cm bis 17 cm (ohne Aufhängung)

**MATERIAL BLAU (FRED – 4.3.05)**

- Alcantaraband in Dunkelblau, 3 mm breit, 2 x 1 m und 1 x 25 cm lang
- Holzperlen, ø 6 mm

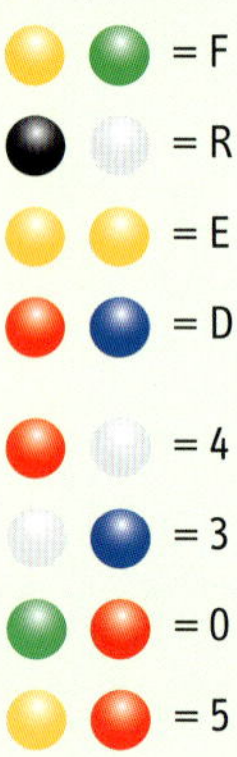


**ROT (B.V.)**

- Alcantaraband in Rot, 3 mm breit, 2 x 80 cm und 1 x 25 cm lang
- Indianerperlen, ø 4 mm

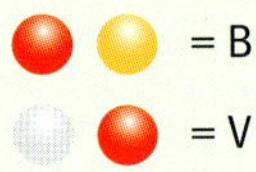


**ORANGE (MICHAEL – 23.09.93)**

- Alcantaraband in Orange, 2 x 70 cm und 1 x 25 cm lang
- Holzperlen, ø 4 mm

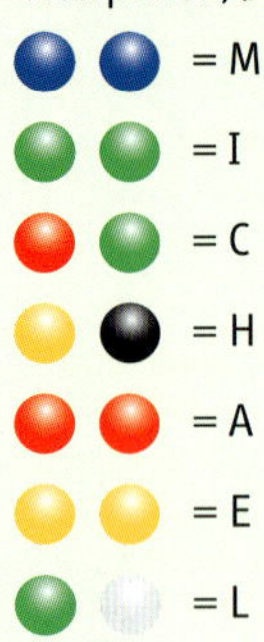


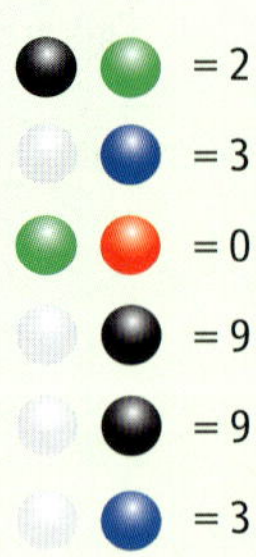


## Blau (Fred – 4.3.05)

**1** Die beiden 1 m langen Bänder so am kurzen Band anknoten, dass jeweils das äußere Band 75 cm und die kurzen Bänder in der Mitte 25 cm lang sind.

**2** Zwei gleichmäßige Verwünschungsknoten mit fünf Flechtknoten knüpfen. Darauf achten, dass die Bänder sich nicht verdrehen.

**3** Die Bandenden spitz zuschneiden und die Perlen für den Namen waagrecht auf die Bänder aufziehen. Sollte der Name mehr als vier Buchstaben haben, werden vor dem Festziehen des letzten Knotenteils waagrecht weitere Bandstücke von ca. 15 cm Länge eingelegt. Hat der Name eine ungerade Buchstabenzahl, bleibt einfach ein Bändchen leer. Bevor die Zahlenreihe begonnen wird, jeweils mit etwas Abstand unter den Namen Schutzknoten knüpfen. Dabei die Knoten nicht fest anziehen. Die Zahlenreihe auffädeln und eine Reihe weiterer Schutzknoten legen. Nach ca. 5 mm die Bänder abschneiden.

**Tipp:** Das Verwünschungsband kann mit dem kurzen Band überall festgemacht werden, wer möchte kann es auch am Handgelenk anbinden. Wenn die Fäden länger sind, kann man es auch als Amulett um den Hals tragen.

## Rot (B.V.)

1 Den Anfang und ersten Knoten wie beim blauen Band knüpfen (außen 55 cm, innen 25 cm lang).

2 Die Indianerperlen jeweils auf die äußeren, spitz zugeschnittenen Bänder aufziehen und danach den zweiten Knoten arbeiten. Vor dem Festziehen des letzten Knotenteils Klebstoff auftragen und die Bandenden direkt nach dem letzten Knoten abschneiden.

## Orange (Michael – 23.09.93)

1 Den Anfang und ersten Knoten wie beim blauen Band knüpfen (außen 45 cm, innen 25 cm lang).

2 Die beiden äußeren Bänder mit Schutzknoten versehen. Auf die beiden mittleren Bänder Perlen aufziehen und jeweils mit einem Schutzknoten abschließen.

**Tipp: Mit dem Verwünschungsknoten zusammen mit einem Datum kannst du dich vor den negativen Auswirkungen eines schlimmen Ereignisses schützen.**

# Erfolg und gute Laune

→ mit Bär (du bist bärenstark) und in Rot-Gelb (take it easy)

**LÄNGE**

Armband mit Bär ca. 33 cm

Armband in Rot-Gelb ca. 32 cm

**MATERIAL ARMBAND MIT BÄR**

- Perlgarn in Grün, Weiß und Rot, je 80 cm, und in Blau, 40 cm lang
- Holzperlen, ø 4 mm
- Teddyperle in Gelb, ø ca. 8 mm

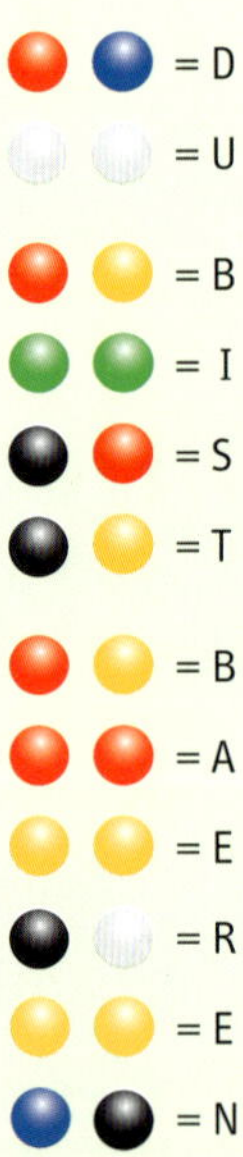


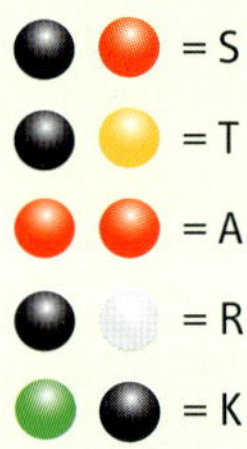


**ARMBAND IN ROT-GELB**

- Perlgarn in Rot, 3 x 80 cm, und Gelb, 2 x 60 cm lang
- Rocailles, ø 2,6 mm

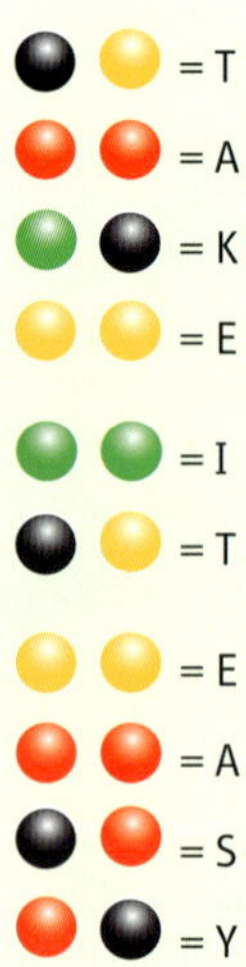


## Armband mit Bär

**1** Alle vier Fäden mit einem Schutzknoten verbinden und 9 cm flechten (dazu 1 x zwei Fäden zusammennehmen und 2 x einen Faden). Nochmals einen Schutzknoten machen. Auf den grünen Faden die Perlen für das erste Wort fädeln.

**2** Mit dem roten Faden über die restlichen Fäden so lange Erfolgsknoten knüpfen, bis der Perlenstrang etwas länger als der Knüpfstrang ist, und beide Stränge mit sieben grünen Erfolgsknoten zusammenfassen.

**3** Auf den grünen Faden – er liegt jetzt auf der anderen Seite – das nächste Wort fädeln, mit dem weißen Faden Erfolgsknoten über die restlichen Fäden knüpfen – wieder muss der Perlenstrang länger sein – den Perlenstrang zu einem leichten Bogen legen und beide Stränge wieder mit sieben grünen Erfolgsknoten verbinden.

**4** Das nächste Wort auffädeln und daneben mit dem roten Knüpffaden ca. zwölf Erfolgsknoten fertigen. Auf den roten Faden die Teddyperle fädeln und nochmals ca. zwölf Erfolgsknoten arbeiten. Beide Stränge mit sieben weiteren grünen Erfolgsknoten zusammenfassen.

**5** Das letzte Wort auf den grünen Faden auffädeln und daneben weiße Erfolgsknoten in der passenden Länge knüpfen. Beide Stränge wie-

## Erfolg und gute Laune

der mit sieben grünen Knoten verbinden.

6 Die Perlenstränge wie abgebildet immer im Wechsel legen, d. h., beim Auffädeln der Perlen muss der grüne Faden einmal auf der linken Seite und das nächste Mal auf der rechten Seite liegen. Mit Flechten und Schutzknoten wie zu Beginn enden.

## Armband in Rot-Gelb

1 Alle fünf Fäden mit einem Schutzknoten verbinden und 12 cm flechten (zwei gelbe und zwei rote Fäden zusammennehmen).

2 Einen Schutzknoten arbeiten und mit roten Knüpffäden über drei Leitfäden zwölf Gute-Laune-Knoten arbeiten. Auf einen roten Faden die Perlen für das erste Wort fädeln und mit zwei roten Knüpf- über zwei gelbe Leitfäden so lange Gute-Laune-Knoten knüpfen, bis der Perlenstrang zu einem leichten Bogen gelegt werden kann. Beide Stränge mit acht gelben Gute-Laune-Knoten zusammenfassen.

3 Auf die gegenüberliegende Seite wie zuvor die Perlen für das nächste Wort fädeln, daneben rote Gute-Laune-Knoten knüpfen, bis der Strang etwas kürzer als der Perlenstrang ist, und wieder mit acht gelben Gute-Laune-Knoten verbinden. Die Perlen für das nächste Wort auffädeln, daneben wieder wie zuvor Gute-Laune-Knoten fertigen und beide Stränge mit ca. 2 cm roten Gute-Laune-Knoten verbinden.

4 Zum Schluss 12 cm flechten und mit einem Schutzknoten abschließen.

**Tipp: Diese Bänder sind toll für Fußballfans. Knüpfe sie in den Farben des Lieblingsvereins und versehe sie mit den passenden Botschaften, z. B. „weiter so“ oder „Kopf hoch“.**

# Toller Gürtel

→ mit den Initialen A.M.

**LÄNGE**
ca. 1,25 m

**MATERIAL**
- Papierschnur in Blau, ø 2 mm, 4 x 4 m lang
- Holzperlen, ø 6 mm

(orange Perlen) = A
(blaue Perlen) = M

1 Die vier Schnüre parallel legen und nach ca. 22 cm mit dem Schutzknoten verbinden.

2 Einen Freundschaftsknoten knüpfen. Aus je zwei Schnüren viereinhalb Mutknoten knüpfen. Dabei den Knoten flach drücken, damit er schön anliegt.

3 Dann einen Freundschaftsknoten mit zwei Knüpf- über zwei Leitschnüren arbeiten, auf die Knüpfschnüre je eine Perle ziehen und einen weiteren Freundschaftsknoten fertigen.

4 Mit Mut- und Freundschaftsknoten im Wechsel fortfahren, bis die gewünschte Gürtellänge erreicht ist. Wieder einen Schutzknoten legen und die Schnurenden nach ca. 22 cm abschneiden.

**Tipp: Mit Initialen wiederholen sich die Perlenfarben immer wieder und es entsteht ein gleichmäßiges Muster. Mit ganzen Namen oder Botschaften wird der Gürtel schön bunt. Achtung: Manche Papierschnüre können abfärben, wenn sie nass werden.**

# Ganz zart in Blau-Gelb

→ Anhänger (I miss you) und
Armband (ich bin dir treu)

**LÄNGE**
Anhänger
ca. 13 cm
Armband
ca. 33 cm

**MATERIAL ANHÄNGER**
- Perlgarn in Gelb und Blau, je 70 cm lang
- Rocailles, ø 2,6 mm
- Handyclip

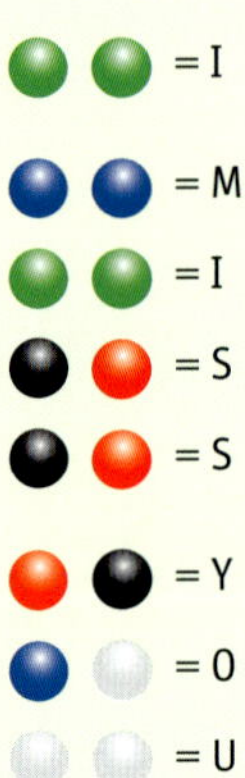


**ARMBAND**
- Perlgarn in Gelb und Blau, je 2 x 70 cm lang
- Rocailles, ø 2,6 mm

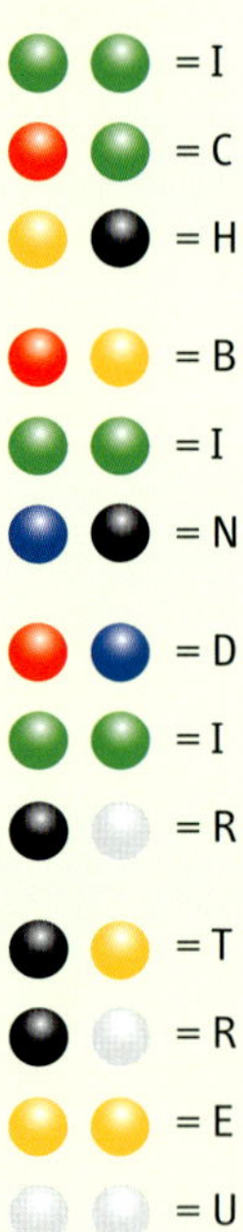


## Anhänger

**1** Beide Fäden mittig durch die Öse des Handyclips ziehen. Mit einem Freundschaftsknoten aus zwei blauen Knüpf- über zwei gelben Leitschnüren fixieren.

**2** Zwei Perlen auf die gelben, mit Klebstoff bestrichenen Fäden ziehen. Blaue Fäden daneben spannen und die Perlen mit einem Freundschaftsknoten halten. Dann mit den gelben Fäden über die blauen Leitfäden von der Mitte aus jeweils drei Treueknoten knüpfen und beide Bänder mit einem blauen Freundschaftsknoten verbinden.

**3** Die Perlen für das nächste Wort auffädeln, blaue Fäden daneben spannen und darunter mit einem Freundschaftsknoten fixieren. Wieder von der Mitte aus zwei Bänder aus je drei gelben Treueknoten und danach einem Freundschaftsknoten arbeiten. Die Perlen für das nächste Wort mit einem weiteren Freundschaftsknoten halten.

**4** 4 cm flechten und mit einem Schutzknoten abschließen.

## Armband

Das Armband wie den Anhänger arbeiten, jedoch einen Schutzknoten machen, 10 cm flechten – dabei die blauen Fäden zusammennehmen – nochmals einen Schutzknoten fertigen und jeweils vier Treueknoten zwischen den einzelnen Wörtern knüpfen.

**Tipp: Da immer zwei Fäden durch die Perlen gezogen werden, bestreichst du vor jedem Wort am besten beide Fadenspitzen mit Klebstoff und verschmelzt sie zu einer Spitze. Drehe beim Auffädeln die Perlen, dann geht es einfacher.**

Nugget.jpg
Zurück

# Hundeleine

→ für Lena, den Golden Retriever

**LÄNGE**
ca. 2,30 m

**MATERIAL**

- geflochtene Acrylkordel in Rot und Weiß, ø 4 mm, je 8 m lang
- Holzperlen, ø 1 cm
- Karabiner, ca. 7 cm lang
- Schlüsselring, ø 2 cm

= A

= N

= E

= L

1 Die beiden Kordeln durch den Ring ziehen und mitteln.

2 Folgendes Knüpfmuster arbeiten: Mit den beiden roten Kordeln als Knüpf- und den beiden weißen Kordeln als Leitkordeln fünf Gute-Laune-Knoten knüpfen und 16 cm Energiekordel flechten. Diese Abfolge achtmal wiederholen.

3 Die Perlen für den Namen von hinten beginnend (damit man ihn nachher richtig herum lesen kann) auf die beiden Knüpfkordeln aufziehen und zwischen jeder Perlenreihe einen Gute-Laune-Knoten knüpfen. Das Knüpfmuster noch einmal wiederholen.

4 Mit den weißen Kordeln als Knüpf- und den beiden roten Kordeln als Leitkordel zwei Freundschaftsknoten arbeiten. 3 cm alle vier Kordeln spannen und unbearbeitet lassen, dann 40 weitere weiße Freundschaftsknoten fertigen. Das Band zu einer Schlaufe biegen und über die zuvor gespannten 3 cm acht Gute-Laune-Knoten (mit zwei Knüpf- über sechs Leitkordeln) knüpfen. Vor dem Festziehen des letzten Knotens etwas Kraftkleber auftragen. Die beiden Knüpfkordeln mit je einem festen Schutzknoten (ebenfalls mit Klebstoff fixieren) versehen und alle vier Schnüre abschneiden.

**Tipp: Die Leine ist auch toll als Führstrick für dein Pflegepony!**

# Armbänder mit Katzenköpfen

→ in Weiß (Anemone – Alisa) und Gelb-Grün (Denise)

## Weißes Band

1 Alle acht Fäden mit einem Schutzknoten verbinden, 5,5 cm flechten (2 x drei und 1 x zwei Fäden zusammennehmen) und einen Liebesknoten arbeiten. Mit allen Fäden einen Freundschaftsknoten aus sechs Leit- und zwei Knüpffäden knüpfen.

2 Auf die beiden mittleren Fäden die Perlen für den ersten Buchstaben fädeln. Beidseitig daneben je drei Freundschaftsknoten aus zwei Knüpf- über einen Leitfaden knüpfen.

3 Über die beiden mittleren Fäden (auf die die Perlen gezogen wurden) mit je einem danebenliegenden Faden als Knüpffaden einen Freundschaftsknoten knüpfen. Es bleiben an jeder Seite zwei Fäden hängen. Auf die zwei mittleren Fäden wieder die beiden nächsten Perlen fädeln, beidseitig drei Freundschaftsknoten knüpfen und wieder mit einem Freundschaftsknoten verbinden. So lange weiterknüpfen, bis alle Perlen für den ersten Namen aufgefädelt sind.

4 Die Katzenperle auf die beiden mittleren Fäden ziehen und beidseitig je vier Freundschaftsknoten arbeiten. Diese beiden Knotenbänder hinter die Perle legen, aus den mittleren vier Fäden einen Freundschaftsknoten knüpfen, zwei Perlen aufziehen und wie beim ersten Namen fortfahren, bis der zweite Name fertig ist.

5 Flechten und mit einem Schutzknoten abschließen.

## Gelb-grünes Band

1 Alle sieben Fäden mit einem Schutzknoten zusammenfassen und 13 cm flechten (1 x drei und 2 x zwei Fäden zusammennehmen).

2 Einen Schutzknoten, dann einen Freundschaftsknoten aus zwei Knüpf- über fünf Leitfäden fertigen. Auf den mittleren Faden die erste Katzen- und eine kleine Perle fädeln, rechts fünf Freundschaftsknoten aus drei gelben Fäden und links fünf Freundschaftsknoten aus einem gelben Leit- und zwei grünen Knüpffäden knüpfen.

3 Alle drei Stränge mit einem Freundschaftsknoten aus zwei Knüpf- über fünf Leitfäden verbinden. So lange wiederholen, bis alle Perlen eingeknüpft sind. Die letzte Perle ist wieder eine Katzenperle.

4 Wie beim Anfang flechten und mit einem Schutzknoten enden.

**Tipp: Wenn du eine Freundin hast, die Katzen mag, freut sie sich bestimmt besonders über so ein Band. Im Fachhandel gibt es viele Perlen und Knöpfe mit außergewöhnlichen Formen. Wähle sie passend zum Hobby und den Vorlieben deiner Freundin oder deines Freundes.**

# WONDA WAKANDA

**LÄNGE**
weißes Band ca. 27 cm
gelb-grünes Band ca. 34 cm

**MATERIAL WEISSES BAND**

- Perlgarn in Weiß, 8 x 1 m lang
- Holzperlen, ø 4 mm
- Katzenperle, ca. ø 1,2 cm

= A
= N
= E
= M
= O
= N
= E

= A
= L
= I
= S
= A

**GELB-GRÜNES BAND**

- Mattstickgarn in Gelb, 5 x 80 cm, und Grün, 2 x 80 cm lang
- Holzperlen, ø 4 mm
- 2 Katzenperlen, ca. ø 1,2 cm

= D
= E
= N
= I
= S
= E

# Bänder für Verliebte

→ in Blau (in Love) und Rot (Love)

**LÄNGE**

Band in Blau ca. 36 cm
Band in Rot ca. 36 cm

**MATERIAL**
**BAND IN BLAU**

- Perlgarn in Blau, 2 x 50 cm und 4 x 1 m lang
- Indianerperlen, ø 4 mm
- Herzknopf, ø ca. 1,5 cm

= I
= N
= L
= O
= V
= E

**BAND IN ROT**

- Mattstickgarn in Rot, 2 x 50 cm und 4 x 1 m lang
- Kunststoffperlen, ø 8 mm
- Herzknopf, ø ca. 1,5 cm

= L
= O
= V
= E

## Band in Blau

1 Alle Fäden mit einem Schutzknoten verbinden und 9 cm flechten. Zwei Liebesknoten aus zwei Knüpf- über vier Leitfäden knüpfen.

2 Einen Freundschaftsknoten fertigen, die beiden mittleren Fäden mit Klebstoff bestreichen, zu einer gemeinsamen Spitze formen und durch eine Perle ziehen. Rechts und links daneben je drei Treueknoten (innerer Faden = Leitfaden; äußerer Faden = Knüpffaden) arbeiten und alle drei Knüpfstränge wieder mit einem Freundschaftsknoten aus zwei Knüpf- über vier Leitfäden verbinden. So jede Perle mit Treueknoten umfassen. Nach dem ersten Wort noch einen Liebesknoten fertigen.

3 Die restlichen Perlen sowie den Herzknopf wie beschrieben einknüpfen, einen Liebesknoten arbeiten, flechten und mit einem Schutzknoten enden. Darauf achten, dass mit den langen Fäden geknüpft wird, die kurzen als Leitfäden verwenden.

## Band in Rot

Das rote Band wie das blaue arbeiten. Da es sich aber nur um ein Wort handelt, entfällt der Liebesknoten zwischen den beiden Wörtern.

**Tipp: Liebe, Freundschaft und Treue – diese Bänder enthalten alles, was man für eine tolle Liebesbeziehung braucht. Ein ganz besonderes Geschenk für einen ganz besonderen Menschen.**

ZARA
duo eyeshadow

# Liebe, Freundschaft und gute Laune

→ Armbänder in warmen Farben

**LÄNGE**
Armband in Weiß-Orange ca. 33 cm
Armband in Gelb ca. 28 cm

**MATERIAL ARMBAND IN WEISS-ORANGE (A.E.)**

- Perlgarn in Weiß-Orange meliert, 8 x 80 cm lang
- Herzknöpfe, ø ca. 1,5 cm
- Kunststoffperlen, ø 8 mm

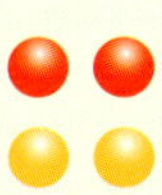

= A
= E

**ARMBAND IN GELB (ICH DENK AN DICH)**

- Perlgarn in Gelb, 6 x je 1,20 m lang
- Rocailles, ø 2,6 mm

= I
= C
= H
= D
= E
= N
= K
= A
= N
= D
= I
= C
= H

## Armband in Weiß-Orange (A.E.)

**1** Die acht Fäden zusammenfassen und mit einem Schutzknoten verbinden. 10 cm flechten (dazu 2 x drei und 1 x zwei Fäden zusammenfassen) und einen Liebesknoten aus zweimal zwei Knüpf- über vier Leitfäden knüpfen.

**2** Aus je vier Fäden 2,5 cm Gute-Laune-Knoten aus zwei Knüpf- über zwei Leitfäden arbeiten. Alle Fäden durch die Öse am Knopf ziehen, auf die beiden mittleren, mit Klebstoff bestrichenen Fäden die Perle fädeln und daneben je einen Strang aus zwölf Gute-Laune-Knoten aus drei Fäden knüpfen.

**3** Alle drei Bänder mit acht Gute-Laune-Knoten aus zweimal zwei Knüpf- über vier Leitfäden zusammenfassen. Das Muster gegengleich wiederholen, d. h. mit Perle, zwei Gute-Laune-Strängen, Knopf, etc. fortfahren und mit einem Schutzknoten enden.

## Armband in Gelb (ich denk an dich)

**1** Die sechs Fäden mit einem Schutzknoten zusammenfassen. Zwölf Gute-Laune-Knoten und sechs Freundschaftsknoten knüpfen*; diese Abfolge noch einmal wiederholen.

**2** Aus den drei rechten Fäden acht Freundschaftsknoten arbeiten. Mit den danebenliegenden drei Fäden einen Freundschaftsknoten knüpfen, auf den mittleren Faden zwei Perlen ziehen und nochmals einen Freundschafts-

WEITERFÜHRUNG

## Liebe, Freundschaft und gute Laune

ten knüpfen. So alle Perlen des ersten Wortes aufziehen. Den Knoten- und den Perlenstrang mit einem Freundschaftsknoten über vier Leitfäden verbinden.

3 Dann links elf Freundschaftsknoten knüpfen und rechts die Perlen auffädeln. Beide Stränge sollten jeweils gleich lang sein. So fortfahren, bis alle Perlen aufgefädelt sind.

4 Schritt 1 bis * dreimal wiederholen und mit einem Schutzknoten enden.

**Tipp: Bei diesem Band musst du darauf achten, dass du immer mit den langen Fäden knüpfst und die kürzeren Fäden als Leitfäden nutzt. Beim Wechsel zwischen einzelnen Knotenarten kannst du Knüpf- und Leitfäden miteinander vertauschen.**

**LÄNGE**

auf immer dein (rechts) ca. 28 cm
Tim (links) ca. 28 cm
Julia Verena (Mitte) ca. 30 cm

**MATERIAL AUF IMMER DEIN**

- Perlgarn in Rot und Blau, je 2 x 60 cm lang
- Rocailles, ø 2,6 mm

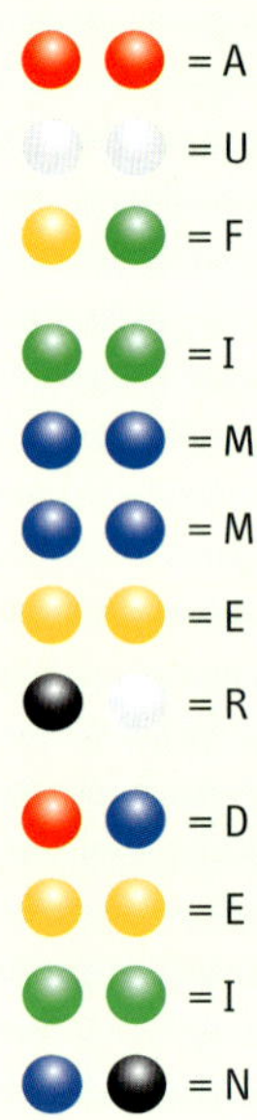


**JULIA VERENA**

- Häkelgarn in Blau, Rot, Gelb und Grün, je 80 cm lang
- Rocailles, ø 2,6 mm

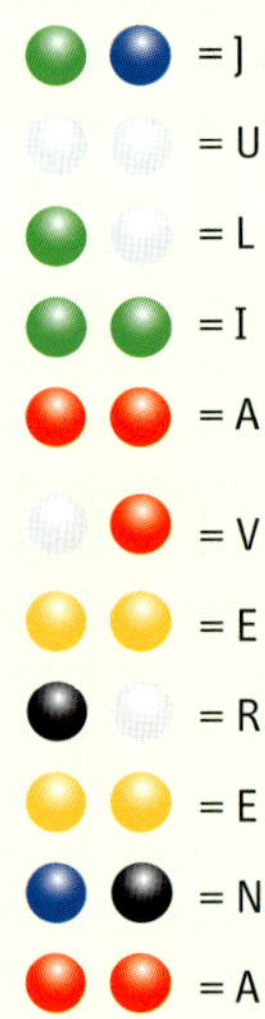


**TIM**

- Perlgarn in Blau, 2 x 1 m, und Orange meliert, 3 x 1 m lang
- Rocailles, ø 2,6 mm

# Tolle Armbänder

→ mit Namen und Versprechen

## auf immer dein (rechts)

1 Die vier Fäden mit einem Schutzknoten zusammenfassen und 8 cm flechten (2 x zwei Fäden und 1 x einen Faden).

2 Vier Freundschaftsknoten aus den beiden roten Knüpffäden, anschließend acht Gute-Laune-Knoten aus zwei blauen Knüpffäden arbeiten.

3 Die ersten beiden Perlen auf die roten, mit Klebstoff bestrichenen Fäden ziehen und mit einem Freundschaftsknoten fixieren. So fortfahren, bis das erste Wort aufgefädelt ist.

4 16 Gute-Laune-Knoten arbeiten und die Perlen für das nächste Wort wie zuvor auffädeln. Wieder 16 blaue Gute-Laune-Knoten arbeiten und die Perlen für das letzte Wort aufziehen. Acht blaue Gute-Laune-Knoten und vier rote Freundschaftsknoten knüpfen.

5 Zuletzt 8 cm flechten und mit einem Schutzknoten abschließen.

## Julia Verena (Mitte)

1 Die vier Fäden mit einem Schutzknoten zusammenfassen. Ca. 8 cm Energiekordel flechten. Alle Schnüre mit einem Schutzknoten verbinden.

2 Fünf Freundschaftsknoten aus je einer grünen und blauen Knüpfschnur arbeiten. Mit den gleichen Knüpfschnüren 2 cm Gute-Laune-Knoten fertigen. Die beiden mittleren, mit Klebstoff bestrichenen Schnüre durch je eine Perle ziehen, die beiden äußeren Schnüre daneben spannen und die Perlen mit je einem Freundschaftsknoten fixieren.

3 Nach dem ersten Namen fünf Gute-Laune-Knoten arbeiten und den zweiten Namen wie vorher beschrieben einknüpfen. Am Ende Gute-Laune- und Freundschaftsknoten, eine Energiekordel und abschließend den Schutzknoten gegengleich arbeiten.

**Tipp: Diese Bänder sind so schmal und zart, dass es am besten aussieht, wenn du mehrere davon am Arm trägst.**

## Tim (links)

1 Die vier Fäden mit einem Schutzknoten zusammenfassen. Ca. 10 cm flechten (dabei 2 x zwei Fäden und 1 x einen Faden).

WEITERFÜHRUNG

## Tolle Armbänder

2 Einen Liebesknoten aus zwei orangefarbenen Knüpf- über drei Leitfäden fertigen. 15 Gute-Laune-Knoten mit den gleichen Fäden knüpfen.

3 Mit den blauen Fäden als Knüpffäden weitere 15 Gute-Laune-Knoten arbeiten. Den mittleren Faden durch zwei Perlen ziehen, beidseitig je zwei Fäden spannen und mit einem Freundschaftsknoten fixieren. Die restlichen Perlen ebenso anknüpfen. Das Muster am Ende gegengleich mit oder ohne Liebesknoten wiederholen und mit Flechten und einem Schutzknoten abschließen.

## IMPRESSUM

**FOTOS:** frechverlag GmbH, 70499 Stuttgart; Frank Bayh und Steff Rosenberger-Ochs, Stuttgart (S. 35, 47, 48) und Fotostudio Ullrich & Co., Renningen (übrige Fotos)
**DRUCK:** frechdruck GmbH, 70499 Stuttgart

Wir danken den Firmen Coats, Kenzingen, Rayher Hobby GmbH, Laupheim, und hobbygross Erler GmbH, Rohrbach für die freundliche Unterstützung.



| Auflage: | 5. | 4. | 3. | 2. | 1. | |
|---|---|---|---|---|---|---|
| Jahr: | 2009 | 2008 | 2007 | 2006 | 2005 | [Letzte Zahlen maßgebend] |



ISBN 3-7724-3398-7
Best.-Nr. 3398